大方廣佛華嚴經 讀誦

45

## 🏵 일러두기

1. 『독송본 한문·한글역 대방광불화엄경』은 실차난타가 한역(695~699)한 80권 『대방광불화엄경』의 한문 원문과 한글역을 함께 수록한 것이다. 한문에는 음사와 현토를 부기하였다.

2. 원문의 저본은 고종 2년(1865) 월정사에서 인경한 고려대장경 『대방광불화엄경』에 한암 스님이 현토(1949년)한 것을 범룡 스님이 영인 출판(1990년)한 『대방광불화엄경』이다.

3. 한문은 저본에서 누락되었거나 글자가 다르다고 판단된 부분은 저본인 고려대장경 각권의 말미에 교감되어 있는 내용을 중심으로 하고 봉은사판 『대방광불화엄경수소연의초』와 신수대장경 각주에 서 밝힌 교감본을 참조하여 보입하고 수정하였다.

4. 한글 번역은 동국역경원에서 발간한 한글 『대방광불화엄경』(운허)을 중심으로 하고 『신화엄경합론』 (탄허)과 『대방광불화엄경 강설』(여천무비) 그리고 최근의 여타 번역본 등을 참조하였다.

5. 저본의 원문에서 이체자의 경우 훈글이 제공하는 이체자는 그대로 살리고 훈글이 제공하지 않는 글 자는 통용되는 정자로 바꾸었다. 예) 間 → 閒 / 焰 → 燄 / 宮 → 宫 / 偁 → 稱

6. 한글 번역은 독송과 사경을 위하여 정확성과 아울러 가독성을 고려하였다. 극존칭은 부처님과 불 경계에 대해서만 사용하였다.

7. 독송본의 차례는 일러두기 → 본문 → 화엄경 목차 → 간행사의 순차이다.
   (법공양판에는 간행사 다음에 간행불사 동참자를 밝혀 두었다.)

8. 독송본의 한글역은 사경의 편의를 도모하기 위해 그 편집을 달리하여 『사경본 한글역 대방광불화 엄경』으로 함께 간행한다. 독송본과 사경본 모두 80권 『대방광불화엄경』의 권별 목차 순으로 간행 한다.

독송본 한문 · 한글역

# 대방광불화엄경 제45권
## 大方廣佛華嚴經 卷第四十五

### 30. 아승지품
阿僧祇品 第三十

### 31. 수량품
壽量品 第三十一

### 32. 제보살주처품
諸菩薩住處品 第三十二

실차난타 한역
수미해주 한글역

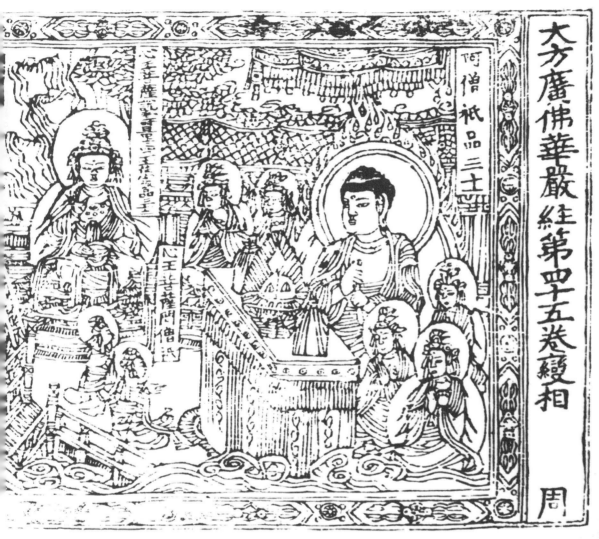

대방광불화엄경 제45권 변상도

# 대방광불화엄경
## 제45권

## 30. 아승지품

# 대방광불화엄경 권제사십오
## 大方廣佛華嚴經 卷第四十五

## 아승지품 제삼십
### 阿僧祇品 第三十

이시　심왕보살　백불언
爾時에 心王菩薩이 白佛言하시니라

세존　제불여래　연설아승지　무량　무
世尊하 諸佛如來가 演說阿僧祇와 無量과 無

변　무등　불가수　불가칭　불가사　불가
邊과 無等과 不可數와 不可稱과 不可思와 不可

량　불가설　불가설불가설
量과 不可說과 不可說不可說하시나니라

# 대방광불화엄경 제45권

## 30. 아승지품

그때에 심왕 보살이 부처님께 말씀드렸다.

"세존이시여, 모든 부처님 여래께서 아승지와 한량없음과 가없음과 같음이 없음과 셀 수 없음과 일컬을 수 없음과 생각할 수 없음과 헤아릴 수 없음과 말할 수 없음과 말할 수 없이 말할 수 없음을 연설하십니다.

세존 운하아승지 내지불가설불가설야
世尊하 云何阿僧祇며 乃至不可說不可說耶잇가

불 고심왕보살언
佛이 告心王菩薩言하시니라

선재선재 선남자 여금위욕령제세간
善哉善哉라 善男子야 汝今爲欲令諸世間으로

입불소지수량지의 이문여래응정등각
入佛所知數量之義하야 而問如來應正等覺하니

선남자 제청제청 선사념지 당위여
善男子야 諦聽諦聽하야 善思念之하라 當爲汝

설
說호리라

시 심왕보살 유연수교
時에 心王菩薩이 唯然受敎러시니라

세존이시여, 어떤 것이 아승지이며, 내지 말할 수 없이 말할 수 없는 것입니까?"

부처님께서 심왕 보살에게 말씀하셨다.

"훌륭하다, 훌륭하다. 선남자여, 그대가 지금 모든 세간으로 하여금 부처님께서 아시는 수량의 뜻에 들게 하기 위하여 여래 응정등각에게 묻는구나. 선남자여, 자세히 듣고 자세히 들어서 잘 생각하라. 마땅히 그대를 위하여 설하리라."

그때에 심왕 보살이 "예! 가르침을 받겠습니다."라고 대답하였다.

불언
佛言하시니라

선남자　　일백락차　　위일구지　　구지구지
善男子야 一百洛叉가 爲一俱胝요 俱胝俱胝가

위일아유다　　아유다아유다　　위일나유
爲一阿庾多요 阿庾多阿庾多가 爲一那由

타　　나유타나유타　　위일빈바라　　빈바라
他요 那由他那由他가 爲一頻婆羅요 頻婆羅

빈바라　위일긍갈라　　긍갈라긍갈라　　위일
頻婆羅가 爲一矜羯羅요 矜羯羅矜羯羅가 爲一

아가라　　아가라아가라　　위일최승　　최승
阿伽羅요 阿伽羅阿伽羅가 爲一最勝이요 最勝

최승　위일마바라
最勝이 爲一摩婆羅요

부처님께서 말씀하셨다.

"선남자여,

일백 락차가 한 구지이고,

구지씩 구지가 한 아유다이고,

아유다씩 아유다가 한 나유타이고,

나유타씩 나유타가 한 빈바라이고,

빈바라씩 빈바라가 한 긍갈라이고,

긍갈라씩 긍갈라가 한 아가라이고,

아가라씩 아가라가 한 최승이고,

최승씩 최승이 한 마바라이다.

마바라마바라　위일아바라　아바라아바
摩婆羅摩婆羅가 爲一阿婆羅요 阿婆羅阿婆

라　위일다바라　다바라다바라　위일계
羅가 爲一多婆羅요 多婆羅多婆羅가 爲一界

분　계분계분　위일보마　보마보마　위
分이요 界分界分이 爲一普摩요 普摩普摩가 爲

일네마　네마네마　위일아바검　아바검
一禰摩요 禰摩禰摩가 爲一阿婆鈐이요 阿婆鈐

아바검　위일미가바　미가바미가바　위일
阿婆鈐이 爲一彌伽婆요 彌伽婆彌伽婆가 爲一

비라가　비라가비라가　위일비가바　비가
毗攞伽요 毗攞伽毗攞伽가 爲一毗伽婆요 毗伽

바비가바　위일승갈라마　승갈라마승갈
婆毗伽婆가 爲一僧羯邏摩요 僧羯邏摩僧羯

라마　위일비살라
邏摩가 爲一毗薩羅요

마바라씩 마바라가 한 아바라이고,

아바라씩 아바라가 한 다바라이고,

다바라씩 다바라가 한 계분이고,

계분씩 계분이 한 보마이고,

보마씩 보마가 한 녜마이고,

녜마씩 녜마가 한 아바검이고,

아바검씩 아바검이 한 미가바이고,

미가바씩 미가바가 한 비라가이고,

비라가씩 비라가가 한 비가바이고,

비가바씩 비가바가 한 승갈라마이고,

승갈라마씩 승갈라마가 한 비살라이다.

비살라비살라　위일비섬바　비섬바비섬
毗薩羅毗薩羅가 爲一毗贍婆요 毗贍婆毗贍

바　위일비성가　비성가비성가　위일비소
婆가 爲一毗盛伽요 毗盛伽毗盛伽가 爲一毗素

타　비소타비소타　위일비바하　비바하비
陀요 毗素陀毗素陀가 爲一毗婆訶요 毗婆訶毗

바하　위일비박지　비박지비박지　위일비
婆訶가 爲一毗薄底요 毗薄底毗薄底가 爲一毗

카담　비카담비카담　위일칭량　칭량
佉擔이요 毗佉擔毗佉擔이 爲一稱量이요 稱量

칭량　위일일지　일지일지　위일이로　이
稱量이 爲一一持요 一持一持가 爲一異路요 異

로이로　위일전도　전도전도　위일삼말
路異路가 爲一顚倒요 顚倒顚倒가 爲一三末

야　삼말야삼말야　위일비도라
耶요 三末耶三末耶가 爲一毗覩羅요

비살라씩 비살라가 한 비섬바이고,

비섬바씩 비섬바가 한 비성가이고,

비성가씩 비성가가 한 비소타이고,

비소타씩 비소타가 한 비바하이고,

비바하씩 비바하가 한 비박지이고,

비박지씩 비박지가 한 비카담이고,

비카담씩 비카담이 한 칭량이고,

칭량씩 칭량이 한 일지이고,

일지씩 일지가 한 이로이고,

이로씩 이로가 한 전도이고,

전도씩 전도가 한 삼말야이고,

삼말야씩 삼말야가 한 비도라이다.

비도라비도라　위일해바라　해바라해바
毗覩羅毗覩羅가 爲一奚婆羅요 奚婆羅奚婆

라　위일사찰　사찰사찰　위일주광　주
羅가 爲一伺察이요 伺察伺察이 爲一周廣이요 周

광주광　위일고출　고출고출　위일최
廣周廣이 爲一高出이요 高出高出이 爲一最

묘　최묘최묘　위일니라바　니라바니라
妙요 最妙最妙가 爲一泥羅婆요 泥羅婆泥羅

바　위일하리바　하리바하리바　위일일
婆가 爲一訶理婆요 訶理婆訶理婆가 爲一一

동　일동일동　위일하리포　하리포하리
動이요 一動一動이 爲一訶理蒲요 訶理蒲訶理

포　위일하리삼　하리삼하리삼　위일해
蒲가 爲一訶理三이요 訶理三訶理三이 爲一奚

로가　해로가해로가　위일달라보다
魯伽요 奚魯伽奚魯伽가 爲一達攞步陀요

비도라씩 비도라가 한 해바라이고,

해바라씩 해바라가 한 사찰이고,

사찰씩 사찰이 한 주광이고,

주광씩 주광이 한 고출이고,

고출씩 고출이 한 최묘이고,

최묘씩 최묘가 한 니라바이고,

니라바씩 니라바가 한 하리바이고,

하리바씩 하리바가 한 일동이고,

일동씩 일동이 한 하리포이고,

하리포씩 하리포가 한 하리삼이고,

하리삼씩 하리삼이 한 해로가이고,

해로가씩 해로가가 한 달라보다이다.

달라보다달라보다　위일하로나　　하로나
達攞步陀達攞步陀가 爲一訶魯那요 訶魯那

하로나　위일마로다　마로다마로다　위일
訶魯那가 爲一摩魯陀요 摩魯陀摩魯陀가 爲一

참모다　참모다참모다　위일에라다　에라
懺慕陀요 懺慕陀懺慕陀가 爲一瞖攞陀요 瞖攞

다에라다　위일마로마　마로마마로마　위
陀瞖攞陀가 爲一摩魯摩요 摩魯摩摩魯摩가 爲

일조복　조복조복　위일이교만　이교만
一調伏이요 調伏調伏이 爲一離憍慢이요 離憍慢

이교만　위일부동　부동부동　위일극
離憍慢이 爲一不動이요 不動不動이 爲一極

량　극량극량　위일아마달라　아마달라
量이요 極量極量이 爲一阿麼怛羅요 阿麼怛羅

아마달라　위일발마달라
阿麼怛羅가 爲一勃麼怛羅요

달라보다씩 달라보다가 한 하로나이고,

하로나씩 하로나가 한 마로다이고,

마로다씩 마로다가 한 참모다이고,

참모다씩 참모다가 한 예라다이고,

예라다씩 예라다가 한 마로마이고,

마로마씩 마로마가 한 조복이고,

조복씩 조복이 한 교만 여윔이고,

교만 여윔씩 교만 여윔이 한 부동이고,

부동씩 부동이 한 극량이고,

극량씩 극량이 한 아마달라이고,

아마달라씩 아마달라가 한 발마달라이다.

발 마 달 라 발 마 달 라　　위 일 가 마 달 라　　가 마
勃麼怛羅勃麼怛羅가　爲一伽麼怛羅요　伽麼

달 라 가 마 달 라　　위 일 나 마 달 라　　나 마 달 라
怛羅伽麼怛羅가　爲一那麼怛羅요　那麼怛羅

나 마 달 라　　위 일 해 마 달 라　　해 마 달 라 해 마
那麼怛羅가　爲一奚麼怛羅요　奚麼怛羅奚麼

달 라　　위 일 비 마 달 라　　비 마 달 라 비 마 달 라
怛羅가　爲一鞞麼怛羅요　鞞麼怛羅鞞麼怛羅가

위 일 발 라 마 달 라　　발 라 마 달 라 발 라 마 달 라
爲一鉢羅麼怛羅요　鉢羅麼怛羅鉢羅麼怛羅가

위 일 시 바 마 달 라　　시 바 마 달 라 시 바 마 달 라
爲一尸婆麼怛羅요　尸婆麼怛羅尸婆麼怛羅가

위 일 예 라　　예 라 예 라　　위 일 벽 라　　벽 라 벽
爲一翳羅요　翳羅翳羅가　爲一薜羅요　薜羅薜

라　　위 일 체 라　　체 라 체 라　　위 일 게 라
羅가　爲一諦羅요　諦羅諦羅가　爲一偈羅요

발마달라씩 발마달라가 한 가마달라이고,

가마달라씩 가마달라가 한 나마달라이고,

나마달라씩 나마달라가 한 해마달라이고,

해마달라씩 해마달라가 한 비마달라이고,

비마달라씩 비마달라가 한 발라마달라이고,

발라마달라씩 발라마달라가 한 시바마달라

이고,

시바마달라씩 시바마달라가 한 예라이고,

예라씩 예라가 한 벽라이고,

벽라씩 벽라가 한 체라이고,

체라씩 체라가 한 게라이다.

게라게라　위일솔보라　솔보라솔보라
偈羅偈羅가 爲一窣步羅요 窣步羅窣步羅가

위일니라　니라니라　위일계라　계라계
爲一泥羅요 泥羅泥羅가 爲一計羅요 計羅計

라　위일세라　세라세라　위일비라　비
羅가 爲一細羅요 細羅細羅가 爲一睥羅요 睥

라비라　위일미라　미라미라　위일사라
羅睥羅가 爲一謎羅요 謎羅謎羅가 爲一娑攞

다　사라다사라다　위일미로다　미로다미
茶요 娑攞茶娑攞茶가 爲一謎魯陀요 謎魯陀謎

로다　위일계로다　계로다계로다　위일마
魯陀가 爲一契魯陀요 契魯陀契魯陀가 爲一摩

도라　마도라마도라　위일사모라　사모라
覩羅요 摩覩羅摩覩羅가 爲一娑母羅요 娑母羅

사모라　위일아야사
娑母羅가 爲一阿野娑요

게라씩 게라가 한 솔보라이고,

솔보라씩 솔보라가 한 니라이고,

니라씩 니라가 한 계라이고,

계라씩 계라가 한 세라이고,

세라씩 세라가 한 비라이고,

비라씩 비라가 한 미라이고,

미라씩 미라가 한 사라다이고,

사라다씩 사라다가 한 미로다이고,

미로다씩 미로다가 한 계로다이고,

계로다씩 계로다가 한 마도라이고,

마도라씩 마도라가 한 사모라이고,

사모라씩 사모라가 한 아야사이다.

아야사아야사　위일가마라　가마라가마
阿野娑阿野娑ᄀ 爲一迦麼羅ᄋ 迦麼羅迦麼

라　위일마가바　마가바마가바　위일아달
羅ᄀ 爲一摩伽婆ᄋ 摩伽婆摩伽婆ᄀ 爲一阿怛

라　아달라아달라　위일혜로야　혜로야혜
羅ᄋ 阿怛羅阿怛羅ᄀ 爲一醯魯耶ᄋ 醯魯耶醯

로야　위일벽로바　벽로바벽로바　위일갈
魯耶ᄀ 爲一薜魯婆ᄋ 薜魯婆薜魯婆ᄀ 爲一羯

라파　갈라파갈라파　위일하바바　하바바
羅波ᄋ 羯羅波羯羅波ᄀ 爲一訶婆婆ᄋ 訶婆婆

하바바　위일비바라　비바라비바라　위일
訶婆婆ᄀ 爲一毗婆羅ᄋ 毗婆羅毗婆羅ᄀ 爲一

나바라　나바라나바라　위일마라라　마라
那婆羅ᄋ 那婆羅那婆羅ᄀ 爲一摩攞羅ᄋ 摩攞

라마라라　위일사바라
羅摩攞羅ᄀ 爲一娑婆羅ᄋ

아야사씩 아야사가 한 가마라이고,

가마라씩 가마라가 한 마가바이고,

마가바씩 마가바가 한 아달라이고,

아달라씩 아달라가 한 혜로야이고,

혜로야씩 혜로야가 한 벽로바이고,

벽로바씩 벽로바가 한 갈라파이고,

갈라파씩 갈라파가 한 하바바이고,

하바바씩 하바바가 한 비바라이고,

비바라씩 비바라가 한 나바라이고,

나바라씩 나바라가 한 마라라이고,

마라라씩 마라라가 한 사바라이다.

사 바 라 사 바 라 　위 일 미 라 보 　미 라 보 미 라
娑婆羅娑婆羅가 　爲一迷攞普요 　迷攞普迷攞

보 　위 일 자 마 라 　자 마 라 자 마 라 　위 일 타
普가 爲一者麼羅요 　者麼羅者麼羅가 　爲一馱

마 라 　타 마 라 타 마 라 　위 일 발 라 마 다 　발
麼羅요 　馱麼羅馱麼羅가 　爲一鉢攞麼陀요 　鉢

라 마 다 발 라 마 다 　위 일 비 가 마 　비 가 마 비
攞麼陀鉢攞麼陀가 　爲一毗伽摩요 　毗伽摩毗

가 마 　위 일 오 파 발 다 　오 파 발 다 오 파 발 다
伽摩가 　爲一烏波跋多요 　烏波跋多烏波跋多가

위 일 연 설 　연 설 연 설 　위 일 무 진 　무 진
爲一演說이요 　演說演說이 　爲一無盡이요 　無盡

무 진 　위 일 출 생 　출 생 출 생 　위 일 무 아
無盡이 爲一出生이요 　出生出生이 　爲一無我요

무 아 무 아 　위 일 아 반 다
無我無我가 　爲一阿畔多요

사바라씩 사바라가 한 미라보이고,

미라보씩 미라보가 한 자마라이고,

자마라씩 자마라가 한 타마라이고,

타마라씩 타마라가 한 발라마다이고,

발라마다씩 발라마다가 한 비가마이고,

비가마씩 비가마가 한 오파발다이고,

오파발다씩 오파발다가 한 연설이고,

연설씩 연설이 한 무진이고,

무진씩 무진이 한 출생이고,

출생씩 출생이 한 무아이고,

무아씩 무아가 한 아반다이다.

아반다아반다　위일청련화　청련화청련
阿畔多阿畔多가 爲一靑蓮華요 靑蓮華靑蓮

화　위일발두마　발두마발두마　위일승
華가 爲一鉢頭摩요 鉢頭摩鉢頭摩가 爲一僧

지　승지승지　위일취　취취　위일지　지
祇요 僧祇僧祇가 爲一趣요 趣趣가 爲一至요 至

지　위일아승지　아승지아승지　위일아승
至가 爲一阿僧祇요 阿僧祇阿僧祇가 爲一阿僧

지전　아승지전아승지전　위일무량　무
祇轉이요 阿僧祇轉阿僧祇轉이 爲一無量이요 無

량무량　위일무량전　무량전무량전　위
量無量이 爲一無量轉이요 無量轉無量轉이 爲

일무변　무변무변　위일무변전　무변
一無邊이요 無邊無邊이 爲一無邊轉이요 無邊

전무변전　위일무등
轉無邊轉이 爲一無等이요

아반다씩 아반다가 한 청련화이고,

청련화씩 청련화가 한 발두마이고,

발두마씩 발두마가 한 승지이고,

승지씩 승지가 한 취이고,

취씩 취가 한 지이고,

지씩 지가 한 아승지이고,

아승지씩 아승지가 한 아승지 제곱이고,

아승지 제곱씩 아승지 제곱이 한 무량이고,

무량씩 무량이 한 무량 제곱이고,

무량 제곱씩 무량 제곱이 한 무변이고,

무변씩 무변이 한 무변 제곱이고,

무변 제곱씩 무변 제곱이 한 무등이다.

무등무등　위일무등전
無等無等이 爲一無等轉이요

무등전무등전　위일불가수
無等轉無等轉이 爲一不可數요

불가수불가수　위일불가수전
不可數不可數가 爲一不可數轉이요

불가수전불가수전　위일불가칭
不可數轉不可數轉이 爲一不可稱이요

불가칭불가칭　위일불가칭전
不可稱不可稱이 爲一不可稱轉이요

불가칭전불가칭전　위일불가사
不可稱轉不可稱轉이 爲一不可思요

불가사불가사　위일불가사전
不可思不可思가 爲一不可思轉이요

무등씩 무등이 한 무등 제곱이고,

무등 제곱씩 무등 제곱이 한 셀 수 없음이고,

셀 수 없음씩 셀 수 없음이 한 셀 수 없음 제곱이고,

셀 수 없음 제곱씩 셀 수 없음 제곱이 한 일컬을 수 없음이고,

일컬을 수 없음씩 일컬을 수 없음이 한 일컬을 수 없음 제곱이고,

일컬을 수 없음 제곱씩 일컬을 수 없음 제곱이 한 생각할 수 없음이고,

생각할 수 없음씩 생각할 수 없음이 한 생각할 수 없음 제곱이다.

불가사 전불가사 전　위일불가량
不可思轉不可思轉이 爲一不可量이요

불가량불가량　위일불가량전
不可量不可量이 爲一不可量轉이요

불가량전불가량전　위일불가설
不可量轉不可量轉이 爲一不可說이요

불가설불가설　위일불가설전
不可說不可說이 爲一不可說轉이요

불가설전불가설전　위일불가설불가설
不可說轉不可說轉이 爲一不可說不可說이요

차우불가설불가설　위일불가설불가설
此又不可說不可說이 爲一不可說不可說

전
轉이니라

생각할 수 없음 제곱씩 생각할 수 없음 제곱
이 한 헤아릴 수 없음이고,

헤아릴 수 없음씩 헤아릴 수 없음이 한 헤아
릴 수 없음 제곱이고,

헤아릴 수 없음 제곱씩 헤아릴 수 없음 제곱
이 한 말할 수 없음이고,

말할 수 없음씩 말할 수 없음이 한 말할 수
없음 제곱이고,

말할 수 없음 제곱씩 말할 수 없음 제곱이
한 말할 수 없이 말할 수 없음이다.

이는 또 말할 수 없이 말할 수 없음이 한 말
할 수 없이 말할 수 없음 제곱이다."

이시 세존 위심왕보살 이설송왈
爾時에 世尊이 爲心王菩薩하사 而說頌曰하시니라

불가언설불가설 충만일체불가설
不可言說不可說이 充滿一切不可說이라

불가언설제겁중 설불가설불가진
不可言說諸劫中에 說不可說不可盡이로다

불가언설제불찰 개실쇄말위미진
不可言說諸佛刹을 皆悉碎末爲微塵이어든

일진중찰불가설 여일일체개여시
一塵中刹不可說이니 如一一切皆如是로다

그때에 세존께서 심왕 보살을 위하여 게송을
설하여 말씀하셨다.


말할 수 없이 말할 수 없는 것이

말할 수 없는 일체에 가득하니

말할 수 없는 모든 겁 가운데서

말할 수 없이 말하여도 다할 수 없도다.


말할 수 없는 모든 부처님 세계를

모두 다 부수어서 미진을 만들면

한 티끌 속의 세계 말할 수 없으니

하나와 같이 일체도 모두 이와 같도다.

차 불 가 설 제 불 찰
此不可說諸佛刹을

일 념 쇄 진 불 가 설
一念碎塵不可說이어든

염 념 소 쇄 실 역 연
念念所碎悉亦然하니

진 불 가 설 겁 항 이
盡不可說劫恒爾로다

차 진 유 찰 불 가 설
此塵有刹不可說이니

차 찰 위 진 설 갱 난
此刹爲塵說更難이라

이 불 가 설 산 수 법
以不可說筭數法으로

불 가 설 겁 여 시 수
不可說劫如是數로다

이 차 제 진 수 제 겁
以此諸塵數諸劫이

일 진 십 만 불 가 설
一塵十萬不可說이어든

이 겁 칭 찬 일 보 현
爾劫稱讚一普賢호대

무 능 진 기 공 덕 량
無能盡其功德量이라

이 말할 수 없는 모든 부처님 세계를
한 생각에 부순 티끌 말할 수 없고
생각생각 부순 것도 모두 또한 그러하니
모든 말할 수 없는 겁이 항상 그러하도다.

이 티끌에 있는 세계 말할 수 없고
이 세계를 티끌로 만든 것 말하기 더욱 어려워
말할 수 없는 산수의 법으로써
말할 수 없는 겁 동안 이와 같이 세도다.

이 모든 티끌로써 모든 겁을 세는 것이
한 티끌에 십만도 말할 수 없는데
그러한 겁 동안 한 보현을 칭찬하여도
그 공덕의 양을 다할 수 없도다.

어일미세모단처
於一微細毛端處에

유불가설제보현
有不可說諸普賢하며

일체모단실역이
一切毛端悉亦爾하야

여시내지변법계
如是乃至徧法界로다

일모단처소유찰
一毛端處所有刹이

기수무량불가설
其數無量不可說이며

진허공량제모단
盡虛空量諸毛端에

일일처찰실여시
一一處刹悉如是로다

피모단처제국토
彼毛端處諸國土가

무량종류차별주
無量種類差別住호대

유불가설이류찰
有不可說異類刹하며

유불가설동류찰
有不可說同類刹이로다

하나의 미세한 털끝에
말할 수 없는 모든 보현이 있고
일체 털끝이 모두 또한 그러하여
이와 같이 내지 법계에 두루하도다.

한 털끝에 있는 세계들
그 수효 한량없어 말할 수 없고
온 허공 분량의 모든 털끝에
낱낱 곳의 세계가 모두 이와 같도다.

저 털끝의 모든 국토들
한량없는 종류가 다르게 머무르는데
말할 수 없는 다른 종류의 세계가 있으며
말할 수 없는 같은 종류의 세계가 있도다.

불가언설모단처
不可言說毛端處에

개유정찰불가설
皆有淨刹不可說하니

종종장엄불가설
種種莊嚴不可說이며

종종기묘불가설
種種奇妙不可說이로다

어피일일모단처
於彼一一毛端處에

연불가설제불명
演不可說諸佛名하니

일일명유제여래
一一名有諸如來호대

개불가설불가설
皆不可說不可說이로다

일일제불어신상
一一諸佛於身上에

현불가설제모공
現不可說諸毛孔하며

어피일일모공중
於彼一一毛孔中에

현중색상불가설
現衆色相不可說이며

말할 수 없는 털끝에
모두 깨끗한 세계 있음 말할 수 없고
갖가지 장엄도 말할 수 없으며
갖가지 기묘함도 말할 수 없도다.

그 낱낱 털끝에서
말할 수 없는 모든 부처님 명호를 말하며
낱낱 명호에 모든 여래께서 계시는데
다 말할 수 없이 말할 수 없도다.

낱낱 모든 부처님의 몸 위에
말할 수 없는 모든 모공을 나타내며
그 낱낱 모공 속에
온갖 색상을 나타냄이 말할 수 없으며

불가언설제모공
不可言說諸毛孔에

함방광명불가설
咸放光明不可說이며

어피일일광명중
於彼一一光明中에

실현연화불가설
悉現蓮華不可說이며

어피일일연화내
於彼一一蓮華內에

실유중엽불가설
悉有衆葉不可說이며

불가설화중엽중
不可說華衆葉中에

각현색상불가설
各現色相不可說이며

피불가설제색내
彼不可說諸色內에

부현중엽불가설
復現衆葉不可說이며

엽중광명불가설
葉中光明不可說이며

광중색상불가설
光中色相不可說이며

말할 수 없는 모든 모공에서
모두 광명을 놓음도 말할 수 없으며
저 낱낱 광명 가운데
모두 연꽃을 나타냄도 말할 수 없으며

저 낱낱 연꽃 속에
다 온갖 잎이 있음도 말할 수 없으며
말할 수 없는 연꽃의 온갖 잎 중에
각각 색상을 나타냄도 말할 수 없으며

저 말할 수 없는 모든 색상 속에
다시 온갖 잎을 나타냄도 말할 수 없으며
잎 속의 광명도 말할 수 없으며
광명 속의 색상도 말할 수 없도다.

차 불가설 색 상 중
此不可說色相中에

일 일 현 광 불 가 설
一一現光不可說이며

광 중 현 월 불 가 설
光中現月不可說이며

월 부 현 월 불 가 설
月復現月不可說이며

어 불 가 설 제 월 중
於不可說諸月中에

일 일 현 광 불 가 설
一一現光不可說이며

어 피 일 일 광 명 내
於彼一一光明內에

부 현 어 일 불 가 설
復現於日不可說이며

어 불 가 설 제 일 중
於不可說諸日中에

일 일 현 색 불 가 설
一一現色不可說이며

어 피 일 일 제 색 내
於彼一一諸色內에

우 현 광 명 불 가 설
又現光明不可說이며

이 말할 수 없는 색상 가운데
낱낱이 광명을 나타냄도 말할 수 없고
광명 가운데 나타난 달도 말할 수 없으며
달에 다시 나타난 달도 말할 수 없으며

말할 수 없는 모든 달 가운데
낱낱이 나타내는 광명도 말할 수 없고
그 낱낱 광명 속에서
다시 해를 나타냄도 말할 수 없으며

말할 수 없는 모든 해 가운데
낱낱이 나타내는 색상도 말할 수 없고
그 낱낱 모든 색상 속에
또 광명을 나타냄도 말할 수 없으며

어피일일광명내
**於彼一一光明內**에

현불가설사자좌
**現不可說師子座**하니

일일엄구불가설
**一一嚴具不可說**이며

일일광명불가설
**一一光明不可說**이며

광중묘색불가설
**光中妙色不可說**이며

색중정광불가설
**色中淨光不可說**이며

어피일일정광내
**於彼一一淨光內**에

부현종종묘광명
**復現種種妙光明**이며

차광부현종종광
**此光復現種種光**하니

불가언설불가설
**不可言說不可說**이며

여시종종광명내
**如是種種光明內**에

각현묘보여수미
**各現妙寶如須彌**로다

저 낱낱 광명 속에서
말할 수 없는 사자좌를 나타내니
낱낱 장엄거리가 말할 수 없고
낱낱 광명도 말할 수 없으며

광명 가운데 미묘한 색이 말할 수 없고
색 가운데 맑은 광명도 말할 수 없으며
그 낱낱 맑은 광명 속에
다시 갖가지 미묘한 광명을 나타내며

이 광명이 다시 갖가지 광명을 나타내니
말할 수 없이 말할 수 없으며
이와 같은 갖가지 광명 속에서
각각 나타낸 미묘한 보배가 수미산 같도다.

일일광중소현보　　　　불가언설불가설
一一光中所現寶가　　　　不可言說不可說이며

피여수미일묘보　　　　현중찰토불가설
彼如須彌一妙寶에　　　　現衆刹土不可說이며

진수미보무유여　　　　시현찰토개여시
盡須彌寶無有餘하야　　　　示現刹土皆如是하며

이일찰토말위진　　　　일진색상불가설
以一刹土末爲塵하니　　　　一塵色相不可說이며

중찰위진진유상　　　　불가언설불가설
衆刹爲塵塵有相을　　　　不可言說不可說이니

여시종종제진상　　　　개출광명불가설
如是種種諸塵相에　　　　皆出光明不可說이로다

낱낱 광명 속에 나타난 보배가

말할 수 없이 말할 수 없으며

저 수미산 같은 한 미묘한 보배에서

온갖 찰토를 나타냄이 말할 수 없으며


수미산 같은 보배를 남김없이 다하여

나타내 보이는 찰토도 모두 이와 같으며

한 찰토로 가루 내어 티끌을 만드니

한 티끌의 색상이 말할 수 없으며


온갖 세계를 티끌로 만들어 티끌에 있는 상도

말할 수 없이 말할 수 없으니

이와 같은 갖가지 모든 티끌 모양에

모두 내는 광명도 말할 수 없도다.

광중현불불가설
光中現佛不可說이며

불소설법불가설
佛所說法不可說이며

법중묘게불가설
法中妙偈不可說이며

문게득해불가설
聞偈得解不可說이며

불가설해염념중
不可說解念念中에

현료진제불가설
顯了眞諦不可說이며

시현미래일체불
示現未來一切佛하야

상연설법무궁진
常演說法無窮盡이로다

일일불법불가설
一一佛法不可說이며

종종청정불가설
種種淸淨不可說이며

출묘음성불가설
出妙音聲不可說이며

전정법륜불가설
轉正法輪不可說이며

광명 속에서 나타난 부처님 말할 수 없고
부처님께서 설하신 법문도 말할 수 없고
법문 속의 미묘한 게송도 말할 수 없으며
게송 듣고 얻은 지해도 말할 수 없으며

말할 수 없는 지해로 생각생각 가운데
참된 진리를 드러냄 말할 수 없으며
미래에 나타나실 일체 부처님
항상 법을 연설하심이 끝까지 다함이 없도다.

낱낱 부처님 법 말할 수 없고
갖가지 청정함도 말할 수 없고
미묘한 음성을 냄도 말할 수 없으며
바른 법륜 굴림도 말할 수 없으며

어피일일법륜중
於彼一一法輪中에

연수다라불가설
演修多羅不可說이며

어피일일수다라
於彼一一修多羅에

분별법문불가설
分別法門不可說이며

어피일일법문중
於彼一一法門中에

우설제법불가설
又說諸法不可說이며

어피일일제법중
於彼一一諸法中에

조복중생불가설
調伏衆生不可說이로다

혹부어일모단처
或復於一毛端處에

불가설겁상안주
不可說劫常安住하며

여일모단여실연
如一毛端餘悉然하야

소주겁수개여시
所住劫數皆如是로다

그 낱낱 법륜 가운데

수다라를 연설함 말할 수 없고

그 낱낱 수다라에서

분별하는 법문도 말할 수 없으며


그 낱낱 법문 가운데

또 모든 법을 설함 말할 수 없고

그 낱낱 모든 법 가운데

중생을 조복함도 말할 수 없도다.


혹은 다시 한 털끝에

말할 수 없는 겁이 항상 안주하며

한 털끝과 같이 나머지도 모두 그러하여

머무른 바 겁의 수효 모두 이와 같도다.

기심무애불가설
其心無礙不可說이며

변화제불불가설
變化諸佛不可說이며

일일변화제여래
一一變化諸如來가

부현어화불가설
復現於化不可說이로다

피불법신불가설
彼佛法身不可說이며

피불분신불가설
彼佛分身不可說이며

장엄무량불가설
莊嚴無量不可說이며

왕예시방불가설
往詣十方不可說이로다

주행국토불가설
周行國土不可說이며

관찰중생불가설
觀察衆生不可說이며

청정중생불가설
淸淨衆生不可說이며

조복중생불가설
調伏衆生不可說이로다

그 마음 걸림 없음 말할 수 없고
변화하신 모든 부처님도 말할 수 없으며
낱낱이 변화하신 모든 여래께서
다시 변화를 나타내심도 말할 수 없도다.

저 부처님의 법신 말할 수 없고
저 부처님의 분신도 말할 수 없고
한량없는 장엄도 말할 수 없으며
시방에 나아감도 말할 수 없도다.

국토에 두루 다님 말할 수 없고
중생을 관찰함도 말할 수 없고
중생을 청정케 함도 말할 수 없으며
중생을 조복함도 말할 수 없도다.

피제장엄불가설
彼諸莊嚴不可說이며

피제신력불가설
彼諸神力不可說이며

피제자재불가설
彼諸自在不可說이며

피제신변불가설
彼諸神變不可說이로다

소유신통불가설
所有神通不可說이며

소유경계불가설
所有境界不可說이며

소유가지불가설
所有加持不可說이며

소주세간불가설
所住世間不可說이로다

청정실상불가설
淸淨實相不可說이며

설수다라불가설
說修多羅不可說이며

어피일일수다라
於彼一一修多羅에

연설법문불가설
演說法門不可說이며

저 모든 장엄 말할 수 없고

저 모든 위신력도 말할 수 없고

저 모든 자재함도 말할 수 없으며

저 모든 신통 변화도 말할 수 없도다.


있는 바 신통 말할 수 없고

있는 바 경계도 말할 수 없고

있는 바 가지함도 말할 수 없으며

세간에 머무르는 바도 말할 수 없도다.


청정한 실상 말할 수 없고

설하신 수다라도 말할 수 없고

저 낱낱 수다라에

연설하신 법문도 말할 수 없으며

어피일일법문중
**於彼一一法門中**에

우설제법불가설
**又說諸法不可說**이며

어피일일제법중
**於彼一一諸法中**에

소유결정불가설
**所有決定不可說**이며

어피일일결정중
**於彼一一決定中**에

조복중생불가설
**調伏衆生不可說**이며

불가언설동류법
**不可言說同類法**이며

불가언설동류심
**不可言說同類心**이며

불가언설이류법
**不可言說異類法**이며

불가언설이류심
**不可言說異類心**이며

불가언설이류근
**不可言說異類根**이며

불가언설이류어
**不可言說異類語**로다

저 낱낱 법문 가운데
또 모든 법을 설함도 말할 수 없고
저 낱낱 모든 법 가운데
있는 바 결정도 말할 수 없으며

그 낱낱 결정 가운데
중생을 조복함도 말할 수 없으며
같은 종류의 법도 말할 수 없으며
같은 종류의 마음도 말할 수 없으며

다른 종류의 법도 말할 수 없으며
다른 종류의 마음도 말할 수 없으며
다른 종류의 근기도 말할 수 없으며
다른 종류의 말도 말할 수 없도다.

염념어제소행처
**念念於諸所行處**에

조복중생불가설
**調伏衆生不可說**이며

소유신변불가설
**所有神變不可說**이며

소유시현불가설
**所有示現不可說**이며

어중시겁불가설
**於中時劫不可說**이며

어중차별불가설
**於中差別不可說**을

보살실능분별설
**菩薩悉能分別說**이언정

제명산자막능변
**諸明筭者莫能辨**이로다

일모단처대소찰
**一毛端處大小刹**과

잡염청정추세찰
**雜染淸淨麁細刹**에

여시일체불가설
**如是一切不可說**을

일일명료가분별
**一一明了可分別**이로다

생각생각 모든 다니는 곳에서
중생들을 조복함 말할 수 없고
있는 바 신통 변화도 말할 수 없으며
있는 바 나타내 보임도 말할 수 없으며

그 가운데 시간과 겁도 말할 수 없고
그 가운데 차별도 말할 수 없음을
보살은 모두 능히 분별하여 말하지만
모든 산수에 밝은 자도 분별하지 못하도다.

한 털끝의 크고 작은 세계와
물들고 청정하고 거칠고 미세한 세계에
이와 같은 일체 말할 수 없음을
낱낱이 명료하게 분별하도다.

이 일 국 토 쇄 위 진
以一國土碎爲塵하니

기 진 무 량 불 가 설
其塵無量不可說이어든

여 시 진 수 무 변 찰
如是塵數無邊刹이

구 래 공 집 일 모 단
俱來共集一毛端이로다

차 제 국 토 불 가 설
此諸國土不可說이

공 집 모 단 무 박 애
共集毛端無迫隘하야

불 사 모 단 유 증 대
不使毛端有增大호대

이 피 국 토 구 래 집
而彼國土俱來集이로다

어 중 소 유 제 국 토
於中所有諸國土가

형 상 여 본 무 잡 란
形相如本無雜亂이며

여 일 국 토 불 란 여
如一國土不亂餘하야

일 체 국 토 개 여 시
一切國土皆如是로다

한 국토를 부수어 만든 티끌들
그 티끌 한량없어 말할 수 없는데
이와 같은 티끌 수효의 가없는 세계가
모두 와서 한 털끝에 함께 모이었도다.

말할 수 없는 이 모든 국토들이
털끝에 함께 모여도 비좁지 않고
털끝을 커지게 한 것도 아니지만
저 국토들이 함께 와서 모이었도다.

그 가운데 있는 바 모든 국토들
형상이 본래대로 뒤섞여 어지럽지 않고
한 국토가 다른 것에 뒤섞여 어지럽지 않듯이
일체 국토가 모두 이와 같도다.

허공경계무변제
**虛空境界無邊際**를

실포모단사충만
**悉布毛端使充滿**하야

여시모단제국토
**如是毛端諸國土**를

보살일념개능설
**菩薩一念皆能說**이로다

어일미세모공중
**於一微細毛孔中**에

불가설찰차제입
**不可說刹次第入**이어든

모공능수피제찰
**毛孔能受彼諸刹**호대

제찰불능변모공
**諸刹不能徧毛孔**이로다

입시겁수불가설
**入時劫數不可說**이며

수시겁수불가설
**受時劫數不可說**이며

어차항렬안주시
**於此行列安住時**에

일체제겁무능설
**一切諸劫無能說**이로다

허공의 경계가 끝없음을
털끝에 모두 펼쳐 가득하게 하여
이와 같은 털끝의 모든 국토를
보살이 한 생각에 모두 능히 말하도다.

한 미세한 모공 가운데
말할 수 없는 세계가 차례로 들어가는데
모공은 저 모든 세계를 능히 받아들이지만
모든 세계는 모공에 두루하지 못하도다.

들어갈 때 겁의 수효 말할 수 없고
받을 때 겁의 수효 말할 수 없으며
여기서 줄지어 편안히 머무를 때에
일체 모든 겁을 능히 말하지 못하도다.

여시섭수안주이
如是攝受安住已에

소유경계불가설
所有境界不可說이며

입시방편불가설
入時方便不可說이며

입이소작불가설
入已所作不可說이며

의근명료불가설
意根明了不可說이며

유력제방불가설
遊歷諸方不可說이며

용맹정진불가설
勇猛精進不可說이며

자재신변불가설
自在神變不可說이로다

소유사유불가설
所有思惟不可說이며

소유대원불가설
所有大願不可說이며

소유경계불가설
所有境界不可說이며

일체통달불가설
一切通達不可說이로다

이와 같이 섭수하여 편안히 머무름에
있는 바 경계 말할 수 없고
들어갈 때 방편도 말할 수 없으며
들어가서 짓는 바도 말할 수 없도다.

의근이 명료함 말할 수 없고
모든 방위를 다님도 말할 수 없고
용맹하게 정진함도 말할 수 없으며
자재한 신통 변화도 말할 수 없도다.

있는 바 사유함 말할 수 없고
있는 바 큰 서원도 말할 수 없고
있는 바 경계도 말할 수 없으며
일체 통달함도 말할 수 없도다.

신업청정불가설
身業清淨不可說이며

어업청정불가설
語業清淨不可說이며

의업청정불가설
意業清淨不可說이며

신해청정불가설
信解清淨不可說이로다

묘지청정불가설
妙智清淨不可說이며

묘혜청정불가설
妙慧清淨不可說이며

요제실상불가설
了諸實相不可說이며

단제의혹불가설
斷諸疑惑不可說이로다

출리생사불가설
出離生死不可說이며

초승정위불가설
超昇正位不可說이며

심심삼매불가설
甚深三昧不可說이며

요달일체불가설
了達一切不可說이로다

몸의 업이 청정함 말할 수 없고
말의 업이 청정함도 말할 수 없고
뜻의 업이 청정함도 말할 수 없으며
믿고 이해함이 청정함도 말할 수 없도다.

미묘한 지의 청정함 말할 수 없고
미묘한 혜의 청정함도 말할 수 없고
모든 실상을 아는 것도 말할 수 없으며
모든 의혹을 끊는 것도 말할 수 없도다.

생사에서 벗어남 말할 수 없고
바른 자리에 올라감도 말할 수 없고
매우 깊은 삼매도 말할 수 없으며
일체를 밝게 통달함도 말할 수 없도다.

일체중생불가설
一切衆生不可說이며

일체불찰불가설
一切佛刹不可說이며

지중생신불가설
知衆生身不可說이며

지기심락불가설
知其心樂不可說이며

지기업과불가설
知其業果不可說이며

지기의해불가설
知其意解不可說이며

지기품류불가설
知其品類不可說이며

지기종성불가설
知其種性不可說이로다

지기수신불가설
知其受身不可說이며

지기생처불가설
知其生處不可說이며

지기정생불가설
知其正生不可說이며

지기생이불가설
知其生已不可說이로다

일체 중생 말할 수 없고

일체 부처님 세계도 말할 수 없고

중생의 몸을 아는 것도 말할 수 없으며

그 마음에 즐겨함을 아는 것도 말할 수 없으며


그 업과 과보를 아는 것도 말할 수 없고

그 뜻을 아는 것도 말할 수 없고

그 품류를 아는 것도 말할 수 없으며

그 종성을 아는 것도 말할 수 없도다.


그 받는 몸 아는 것 말할 수 없고

그 태어나는 처소를 아는 것도 말할 수 없고

그 바르게 태어남을 아는 것도 말할 수 없으며

그 태어난 뒤를 아는 것도 말할 수 없도다.

지기해료불가설
**知其解了不可說**이며

지기취향불가설
**知其趣向不可說**이며

지기언어불가설
**知其言語不可說**이며

지기작업불가설
**知其作業不可說**이로다

보살여시대자비
**菩薩如是大慈悲**로

이익일체제세간
**利益一切諸世間**이며

보현기신불가설
**普現其身不可說**이며

입제불찰불가설
**入諸佛刹不可說**이며

견제보살불가설
**見諸菩薩不可說**이며

발생지혜불가설
**發生智慧不可說**이며

청문정법불가설
**請問正法不可說**이며

부양불교불가설
**敷揚佛教不可說**이며

그 이해함을 아는 것 말할 수 없고

그 나아갈 데를 아는 것도 말할 수 없고

그 언어를 아는 것도 말할 수 없으며

그 짓는 업을 아는 것도 말할 수 없도다.


보살이 이와 같은 큰 자비로

일체 모든 세간을 이익하게 하며

그 몸을 널리 나타냄도 말할 수 없으며

모든 부처님 세계에 들어감도 말할 수 없으며


모든 보살들을 보는 것도 말할 수 없으며

지혜를 내는 것도 말할 수 없으며

바른 법을 청하여 묻는 것도 말할 수 없으며

부처님 가르침을 널리 펴는 것도 말할 수 없으며

현종종신불가설
**現種種身不可說**이며

예제국토불가설
**詣諸國土不可說**이며

시현신통불가설
**示現神通不可說**이며

보변시방불가설
**普徧十方不可說**이로다

처처분신불가설
**處處分身不可說**이며

친근제불불가설
**親近諸佛不可說**이며

작제공구불가설
**作諸供具不可說**이며

종종무량불가설
**種種無量不可說**이로다

청정중보불가설
**清淨衆寶不可說**이며

상묘련화불가설
**上妙蓮華不可說**이며

최승향만불가설
**最勝香鬘不可說**이며

공양여래불가설
**供養如來不可說**이로다

갖가지 몸을 나타내는 것도 말할 수 없으며
모든 국토에 나아감도 말할 수 없으며
신통을 나타내 보이는 것도 말할 수 없으며
시방에 널리 두루하는 것도 말할 수 없도다.

곳곳마다 몸을 나눔도 말할 수 없으며
모든 부처님을 친근함도 말할 수 없으며
모든 공양거리 마련함도 말할 수 없으며
갖가지 한량없음도 말할 수 없도다.

청정한 온갖 보배도 말할 수 없으며
가장 미묘한 연꽃도 말할 수 없으며
가장 수승한 향과 화만도 말할 수 없으며
여래께 공양올림도 말할 수 없도다.

청정신심불가설
淸淨信心不可說이며

최승오해불가설
最勝悟解不可說이며

증상지락불가설
增上志樂不可說이며

공경제불불가설
恭敬諸佛不可說이로다

수행어시불가설
修行於施不可說이며

기심과거불가설
其心過去不可說이며

유구개시불가설
有求皆施不可說이며

일체실시불가설
一切悉施不可說이로다

지계청정불가설
持戒淸淨不可說이며

심의청정불가설
心意淸淨不可說이며

찬탄제불불가설
讚歎諸佛不可說이며

애락정법불가설
愛樂正法不可說이로다

청정한 신심도 말할 수 없으며
가장 수승한 깨달음도 말할 수 없으며
늘어나는 즐거운 뜻도 말할 수 없으며
모든 부처님을 공경함도 말할 수 없도다.

보시를 닦아 행함도 말할 수 없으며
그 마음 지나간 일도 말할 수 없으며
구함이 있으면 다 보시함도 말할 수 없으며
일체를 모두 보시함도 말할 수 없도다.

지계가 청정함도 말할 수 없으며
마음이 청정함도 말할 수 없으며
모든 부처님을 찬탄함도 말할 수 없으며
바른 법을 좋아함도 말할 수 없도다.

성취제인불가설
成就諸忍不可說이며

무생법인불가설
無生法忍不可說이며

구족적정불가설
具足寂靜不可說이며

주적정지불가설
住寂靜地不可說이로다

기대정진불가설
起大精進不可說이며

기심과거불가설
其心過去不可說이며

불퇴전심불가설
不退轉心不可說이며

불경동심불가설
不傾動心不可說이로다

일체정장불가설
一切定藏不可說이며

관찰제법불가설
觀察諸法不可說이며

적연재정불가설
寂然在定不可說이며

요달제선불가설
了達諸禪不可說이로다

모든 인욕을 성취함도 말할 수 없으며
생멸 없는 법의 인도 말할 수 없으며
적정을 구족함도 말할 수 없으며
적정의 지위에 머무름도 말할 수 없도다.

큰 정진을 일으킴도 말할 수 없으며
그 마음 지나간 일도 말할 수 없으며
물러나지 않는 마음도 말할 수 없으며
흔들리지 않는 마음도 말할 수 없도다.

일체 선정의 창고도 말할 수 없으며
모든 법을 관찰함도 말할 수 없으며
고요히 정에 있음도 말할 수 없으며
모든 선정을 밝게 통달함도 말할 수 없도다.

지혜통달불가설
**智慧通達不可說**이며

삼매자재불가설
**三昧自在不可說**이며

요달제법불가설
**了達諸法不可說**이며

명견제불불가설
**明見諸佛不可說**이로다

수무량행불가설
**修無量行不可說**이며

발광대원불가설
**發廣大願不可說**이며

심심경계불가설
**甚深境界不可說**이며

청정법문불가설
**清淨法門不可說**이로다

보살법력불가설
**菩薩法力不可說**이며

보살법주불가설
**菩薩法住不可說**이며

피제정념불가설
**彼諸正念不可說**이며

피제법계불가설
**彼諸法界不可說**이로다

지혜로 통달함도 말할 수 없으며
삼매에 자재함도 말할 수 없으며
모든 법을 밝게 통달함도 말할 수 없으며
모든 부처님을 분명하게 친견함도 말할 수 없도다.

한량없는 행을 닦음도 말할 수 없으며
광대한 서원을 냄도 말할 수 없으며
매우 깊은 경계도 말할 수 없으며
청정한 법문도 말할 수 없도다.

보살의 법력도 말할 수 없으며
보살의 법에 머무름도 말할 수 없으며
저 모든 바른 생각도 말할 수 없으며
저 모든 법계도 말할 수 없도다.

수방편지불가설<br>
修方便智不可說<sub>이며</sub>

학심심지불가설<br>
學甚深智不可說<sub>이며</sub>

무량지혜불가설<br>
無量智慧不可說<sub>이며</sub>

구경지혜불가설<br>
究竟智慧不可說<sub>이로다</sub>

피제법지불가설<br>
彼諸法智不可說<sub>이며</sub>

피정법륜불가설<br>
彼淨法輪不可說<sub>이며</sub>

피대법운불가설<br>
彼大法雲不可說<sub>이며</sub>

피대법우불가설<br>
彼大法雨不可說<sub>이로다</sub>

피제신력불가설<br>
彼諸神力不可說<sub>이며</sub>

피제방편불가설<br>
彼諸方便不可說<sub>이며</sub>

입공적지불가설<br>
入空寂智不可說<sub>이며</sub>

염념상속불가설<br>
念念相續不可說<sub>이며</sub>

방편 지혜 닦는 것도 말할 수 없으며
매우 깊은 지혜 배우는 것도 말할 수 없으며
한량없는 지혜도 말할 수 없으며
구경의 지혜도 말할 수 없도다.


저 모든 법의 지혜도 말할 수 없으며
저 깨끗한 법륜도 말할 수 없으며
저 큰 법의 구름도 말할 수 없으며
저 큰 법의 비도 말할 수 없도다.


저 모든 위신력도 말할 수 없으며
저 모든 방편들도 말할 수 없으며
공적한 지혜에 들어감도 말할 수 없으며
생각생각 이어짐도 말할 수 없으며

무량행문불가설
**無量行門不可說**이며

염념항주불가설
**念念恒住不可說**이며

제불찰해불가설
**諸佛刹海不可說**이며

실능왕예불가설
**悉能往詣不可說**이며

제찰차별불가설
**諸刹差別不可說**이며

종종청정불가설
**種種淸淨不可說**이며

차별장엄불가설
**差別莊嚴不可說**이며

무변색상불가설
**無邊色相不可說**이며

종종간착불가설
**種種閒錯不可說**이며

종종묘호불가설
**種種妙好不可說**이며

청정불토불가설
**淸淨佛土不可說**이며

잡염세계불가설
**雜染世界不可說**이로다

한량없는 행의 문도 말할 수 없으며
생각생각 항상 머무름도 말할 수 없으며
모든 부처님의 세계바다도 말할 수 없으며
모두 능히 나아감도 말할 수 없으며

모든 세계의 차별함도 말할 수 없으며
갖가지 청정함도 말할 수 없으며
차별한 장엄들도 말할 수 없으며
가없는 색상들도 말할 수 없으며

갖가지 섞인 것도 말할 수 없으며
갖가지 미묘한 아름다움도 말할 수 없으며
청정한 부처님 국토도 말할 수 없으며
뒤섞여 물든 세계도 말할 수 없도다.

요지중생불가설
了知衆生不可說이며

지기종성불가설
知其種性不可說이며

지기업보불가설
知其業報不可說이며

지기심행불가설
知其心行不可說이며

지기근성불가설
知其根性不可說이며

지기해욕불가설
知其解欲不可說이며

잡염청정불가설
雜染清淨不可說이며

관찰조복불가설
觀察調伏不可說이며

변화자재불가설
變化自在不可說이며

현종종신불가설
現種種身不可說이며

수행정진불가설
修行精進不可說이며

도탈중생불가설
度脫衆生不可說이며

중생들을 밝게 아는 것도 말할 수 없으며

그 종성을 아는 것도 말할 수 없으며

그 업보를 아는 것도 말할 수 없으며

그 마음의 행을 아는 것도 말할 수 없으며


그 근성을 아는 것도 말할 수 없으며

그 이해와 욕망을 아는 것도 말할 수 없으며

뒤섞여 물들고 청정함도 말할 수 없으며

관찰하고 조복함도 말할 수 없으며


변화가 자재함도 말할 수 없으며

갖가지 몸을 나타냄도 말할 수 없으며

수행하고 정진함도 말할 수 없으며

중생을 제도하여 해탈시킴도 말할 수 없으며

시현신변불가설
示現神變不可說이며

방대광명불가설
放大光明不可說이며

종종색상불가설
種種色相不可說이며

영중생정불가설
令衆生淨不可說이로다

일일모공불가설
一一毛孔不可說이며

방광명망불가설
放光明網不可說이며

광망현색불가설
光網現色不可說이며

보조불찰불가설
普照佛刹不可說이며

용맹무외불가설
勇猛無畏不可說이며

방편선교불가설
方便善巧不可說이며

조복중생불가설
調伏衆生不可說이며

영출생사불가설
令出生死不可說이로다

신통 변화 나타내 보임도 말할 수 없으며
큰 광명 놓음도 말할 수 없으며
갖가지 색상들도 말할 수 없으며
중생들을 깨끗하게 함도 말할 수 없도다.


낱낱 모공도 말할 수 없으며
광명 그물 놓음도 말할 수 없으며
광명 그물에서 색을 나타냄도 말할 수 없으며
부처님 세계를 널리 비춤도 말할 수 없으며


용맹하여 두려움 없음도 말할 수 없으며
방편의 공교함도 말할 수 없으며
중생을 조복함도 말할 수 없으며
생사에서 벗어나게 함도 말할 수 없도다.

청정신업불가설
**清淨身業不可說**이며

청정어업불가설
**清淨語業不可說**이며

무변의업불가설
**無邊意業不可說**이며

수승묘행불가설
**殊勝妙行不可說**이로다

성취지보불가설
**成就智寶不可說**이며

심입법계불가설
**深入法界不可說**이며

보살총지불가설
**菩薩總持不可說**이며

선능수학불가설
**善能修學不可說**이로다

지자음성불가설
**智者音聲不可說**이며

음성청정불가설
**音聲清淨不可說**이며

정념진실불가설
**正念眞實不可說**이며

개오중생불가설
**開悟衆生不可說**이로다

청정한 몸의 업도 말할 수 없으며
청정한 말의 업도 말할 수 없으며
가없는 뜻의 업도 말할 수 없으며
수승하고 미묘한 행도 말할 수 없도다.

지혜보배 성취함도 말할 수 없으며
법계에 깊이 들어감도 말할 수 없으며
보살의 총지도 말할 수 없으며
잘 능히 닦고 배움도 말할 수 없으며

지혜로운 자의 음성도 말할 수 없으며
음성의 청정함도 말할 수 없으며
바른 생각 진실함도 말할 수 없으며
중생들을 깨우침도 말할 수 없도다.

구족위의불가설
具足威儀不可說이며

청정수행불가설
淸淨修行不可說이며

성취무외불가설
成就無畏不可說이며

조복세간불가설
調伏世間不可說이로다

제불자중불가설
諸佛子衆不可說이며

청정승행불가설
淸淨勝行不可說이며

칭탄제불불가설
稱歎諸佛不可說이며

찬양무진불가설
讚揚無盡不可說이며

세간도사불가설
世間導師不可說이며

연설찬탄불가설
演說讚歎不可說이며

피제보살불가설
彼諸菩薩不可說이며

청정공덕불가설
淸淨功德不可說이며

위의를 구족함도 말할 수 없으며
청정하게 수행함도 말할 수 없으며
두려움 없음을 성취함도 말할 수 없으며
세간을 조복함도 말할 수 없도다.

모든 불자 대중들도 말할 수 없으며
청정하고 수승한 행도 말할 수 없으며
모든 부처님을 찬탄함도 말할 수 없으며
끝없이 칭찬함도 말할 수 없으며

세간의 도사도 말할 수 없으며
연설하고 찬탄함도 말할 수 없으며
저 모든 보살들도 말할 수 없으며
청정한 공덕도 말할 수 없도다.

피제변제불가설
**彼諸邊際不可說**이며

능주기중불가설
**能住其中不可說**이며

주중지혜불가설
**住中智慧不可說**이며

진제겁주무능설
**盡諸劫住無能說**이로다

흔락제불불가설
**欣樂諸佛不可說**이며

지혜평등불가설
**智慧平等不可說**이며

선입제법불가설
**善入諸法不可說**이며

어법무애불가설
**於法無礙不可說**이로다

삼세여공불가설
**三世如空不可說**이며

삼세지혜불가설
**三世智慧不可說**이며

요달삼세불가설
**了達三世不可說**이며

주어지혜불가설
**住於智慧不可說**이로다

저 모든 끝 경계도 말할 수 없으며
그 가운데 능히 머무름도 말할 수 없으며
그 가운데 머무르는 지혜도 말할 수 없으며
모든 겁이 다하도록 머무름도 말할 수 없도다.

모든 부처님을 받들고 좋아함도 말할 수 없으며
지혜가 평등함도 말할 수 없으며
모든 법에 잘 들어감도 말할 수 없으며
법에 걸림 없음도 말할 수 없도다.

삼세가 허공 같음도 말할 수 없으며
삼세의 지혜도 말할 수 없으며
삼세를 밝게 통달함도 말할 수 없으며
지혜에 머무름도 말할 수 없도다.

수승묘행불가설
**殊勝妙行不可說**이며

무량대원불가설
**無量大願不可說**이며

청정대원불가설
**清淨大願不可說**이며

성취보리불가설
**成就菩提不可說**이로다

제불보리불가설
**諸佛菩提不可說**이며

발생지혜불가설
**發生智慧不可說**이며

분별의리불가설
**分別義理不可說**이며

지일체법불가설
**知一切法不可說**이며

엄정불찰불가설
**嚴淨佛刹不可說**이며

수행제력불가설
**修行諸力不可說**이며

장시수습불가설
**長時修習不可說**이며

일념오해불가설
**一念悟解不可說**이로다

수승하고 미묘한 행도 말할 수 없으며
한량없는 큰 서원도 말할 수 없으며
청정한 큰 서원도 말할 수 없으며
보리를 성취함도 말할 수 없도다.

모든 부처님의 보리도 말할 수 없으며
지혜를 내는 것도 말할 수 없으며
이치를 분별함도 말할 수 없으며
일체 법을 아는 것도 말할 수 없으며

부처님 세계 깨끗하게 장엄함도 말할 수 없으며
모든 힘을 닦아 행함도 말할 수 없으며
오랜 시간 닦아 익힘도 말할 수 없으며
한 생각에 깨달음도 말할 수 없도다.

제불자재불가설　　　광연정법불가설
諸佛自在不可說이며　廣演正法不可說이며

종종신력불가설　　　시현세간불가설
種種神力不可說이며　示現世閒不可說이로다

청정법륜불가설　　　용맹능전불가설
淸淨法輪不可說이며　勇猛能轉不可說이며

종종개연불가설　　　애민세간불가설
種種開演不可說이며　哀愍世閒不可說이로다

불가언설일체겁　　　찬불가설제공덕
不可言說一切劫에　　讚不可說諸功德호대

불가설겁유가진　　　　　불가설덕불가진
不可說劫猶可盡이어니와　不可說德不可盡이로다

모든 부처님의 자재하심도 말할 수 없으며
바른 법을 널리 펴심도 말할 수 없으며
갖가지 위신력도 말할 수 없으며
세간에 나타내 보이심도 말할 수 없도다.

청정한 법륜도 말할 수 없으며
용맹하게 능히 굴리시는 것도 말할 수 없으며
갖가지로 열어 펴시는 것도 말할 수 없으며
세간을 가엾이 여기심도 말할 수 없도다.

말할 수 없는 일체 겁 동안
말할 수 없는 모든 공덕을 찬탄하되
말할 수 없는 겁은 오히려 다할지라도
말할 수 없는 덕은 다할 수 없도다.

불가언설제여래
不可言說諸如來가

불가언설제설근
不可言說諸舌根으로

탄불불가언설덕
歎佛不可言說德호대

불가설겁무능진
不可說劫無能盡이로다

시방소유제중생
十方所有諸衆生이

일체동시성정각
一切同時成正覺하야

어중일불보능현
於中一佛普能現

불가언설일체신
不可言說一切身호대

차불가설중일신
此不可說中一身에

시현어두불가설
示現於頭不可說이며

차불가설중일두
此不可說中一頭에

시현어설불가설
示現於舌不可說이며

말할 수 없는 모든 여래께서

말할 수 없는 모든 혀로써

부처님의 말할 수 없는 덕을 찬탄하시되

말할 수 없는 겁 동안 다할 수 없도다.


시방에 있는 바 모든 중생들이

일체가 동시에 정각을 이루고

그 가운데 한 부처님께서 말할 수 없는

일체 몸을 널리 능히 나타내시는데


이 말할 수 없는 가운데 한 몸에서

머리를 나타내 보이심이 말할 수 없고

이 말할 수 없는 가운데 한 머리에서

혀를 나타내 보이심도 말할 수 없으며

차불가설중일설       시현어성불가설
**此不可說中一舌**에      **示現於聲不可說**이며

차불가설중일성       경어겁주불가설
**此不可說中一聲**이      **經於劫住不可說**이어든

여일여시일체불       여일여시일체신
**如一如是一切佛**과      **如一如是一切身**과

여일여시일체두       여일여시일체설
**如一如是一切頭**와      **如一如是一切舌**과

여일여시일체성       불가설겁항찬불
**如一如是一切聲**으로     **不可說劫恒讚佛**호대

불가설겁유가진       탄불공덕무능진
**不可說劫猶可盡**이어니와    **歎佛功德無能盡**이로다

이 말할 수 없는 가운데 한 혀에서
음성을 나타내 보이심도 말할 수 없고
이 말할 수 없는 가운데 한 음성이
겁을 지내도록 머무르심도 말할 수 없는데

하나와 같이 이와 같은 일체 부처님과
하나와 같이 이와 같은 일체 몸과
하나와 같이 이와 같은 일체 머리와
하나와 같이 이와 같은 일체 혀와

하나와 같이 이와 같은 일체 음성으로
말할 수 없는 겁 동안 항상 부처님을 찬탄하되
말할 수 없는 겁은 오히려 다할지라도
부처님의 공덕을 찬탄함은 다할 수 없도다.

일미진중능실유　　　　불가언설연화계
一微塵中能悉有　　　　不可言說蓮華界어든

일일연화세계중　　　　현수여래불가설
一一蓮華世界中에　　　賢首如來不可說이며

내지법계실주변　　　　기중소유제미진
乃至法界悉周徧하야　　其中所有諸微塵에

세계약성약주괴　　　　기수무량불가설
世界若成若住壞가　　　其數無量不可說이로다

일미진처무변제　　　　무량제찰보래입
一微塵處無邊際에　　　無量諸刹普來入하니

시방차별불가설　　　　찰해분포불가설
十方差別不可說이며　　刹海分布不可說이로다

한 미진 가운데 말할 수 없는
연화장 세계들이 능히 모두 있는데
낱낱 연화장 세계 가운데
현수 여래 말할 수 없으며

내지 법계에 모두 두루하여
그 가운데 있는 바 모든 미진에
세계가 이루어지고 머무르고 무너짐이
그 수효가 한량없어 말할 수 없도다.

한 미진 처소의 끝없는 경계에
한량없는 모든 세계가 널리 들어오니
시방의 차별함도 말할 수 없고
세계바다의 분포도 말할 수 없도다.

일일찰중유여래
一一刹中有如來호대

수명겁수불가설
壽命劫數 不可說이며

제불소행불가설
諸佛所行 不可說이며

심심묘법불가설
甚深妙法 不可說이며

신통대력불가설
神通大力 不可說이며

무장애지불가설
無障礙智 不可說이며

입어모공불가설
入於毛孔 不可說이며

모공인연불가설
毛孔因緣 不可說이며

성취십력불가설
成就十力 不可說이며

각오보리불가설
覺悟菩提 不可說이며

입정법계불가설
入淨法界 不可說이며

획심지장불가설
獲深智藏 不可說이로다

낱낱 세계 가운데 여래가 계시되
수명과 겁의 수도 말할 수 없고
모든 부처님의 행하시는 바도 말할 수 없으며
매우 깊은 미묘한 법도 말할 수 없으며

신통의 큰 힘도 말할 수 없으며
장애 없는 지혜도 말할 수 없으며
모공에 드는 것도 말할 수 없으며
모공의 인연도 말할 수 없으며

열 가지 힘을 성취함도 말할 수 없으며
보리를 깨달음도 말할 수 없으며
청정 법계에 들어감도 말할 수 없으며
깊은 지혜창고를 얻음도 말할 수 없도다.

종종수량불가설
種種數量不可說을

여기일체실요지
如其一切悉了知하며

종종형량불가설
種種形量不可說을

어차미불개통달
於此靡不皆通達하며

종종삼매불가설
種種三昧不可說을

실능경겁어중주
悉能經劫於中住하며

어불가설제불소
於不可說諸佛所에

소행청정불가설
所行淸淨不可說이며

득불가설무애심
得不可說無礙心하야

왕예시방불가설
往詣十方不可說이며

신력시현불가설
神力示現不可說이며

소행무제불가설
所行無際不可說이며

갖가지 수량 말할 수 없는데
그와 같은 일체를 모두 밝게 알며
갖가지 형체의 양도 말할 수 없는데
이것을 모두 통달하지 못함이 없으며

갖가지 삼매도 말할 수 없는데
모두 능히 겁을 지내도록 그 가운데 머물러
말할 수 없는 모든 부처님 처소에서
행하는 바가 청정함도 말할 수 없으며

말할 수 없는 걸림 없는 마음을 얻어
시방에 나아감도 말할 수 없으며
위신력을 나타내 보임도 말할 수 없으며
행하는 바 끝없음도 말할 수 없으며

왕예중찰불가설
往詣衆刹不可說이며

요달제불불가설
了達諸佛不可說이며

정진용맹불가설
精進勇猛不可說이며

지혜통달불가설
智慧通達不可說이로다

어법비행비불행
於法非行非不行이라

입제경계불가설
入諸境界不可說이며

불가칭설제대겁
不可稱說諸大劫에

항유시방불가설
恒遊十方不可說이며

방편지혜불가설
方便智慧不可說이며

진실지혜불가설
眞實智慧不可說이며

신통지혜불가설
神通智慧不可說이며

염념시현불가설
念念示現不可說이며

온갖 세계에 나아감도 말할 수 없으며
모든 부처님을 밝게 아는 것도 말할 수 없으며
용맹하게 정진함도 말할 수 없으며
지혜를 통달함도 말할 수 없도다.

법을 행함도 아니고 행하지 않음도 아니니
모든 경계에 들어감도 말할 수 없으며
일컬어 말할 수 없는 모든 큰 겁 동안
시방에 항상 다님도 말할 수 없으며

방편 지혜도 말할 수 없으며
진실한 지혜도 말할 수 없으며
신통한 지혜도 말할 수 없으며
생각생각 나타내 보임도 말할 수 없으며

어불가설제불법
於不可說諸佛法에

일일요지불가설
一一了知不可說이며

능어일시증보리
能於一時證菩提하며

혹종종시이증입
或種種時而證入이로다

모단불찰불가설
毛端佛刹不可說이며

진중불찰불가설
塵中佛刹不可說이며

여시불찰개왕예
如是佛刹皆往詣하야

견제여래불가설
見諸如來不可說이며

통달일실불가설
通達一實不可說이며

선입불종불가설
善入佛種不可說이며

제불국토불가설
諸佛國土不可說에

실능왕예성보리
悉能往詣成菩提하며

말할 수 없는 모든 부처님 법을
낱낱이 밝게 아는 것도 말할 수 없으며
능히 일시에 보리를 증득하며
혹은 때때로 증득하여 들어가도다.

털끝의 부처님 세계도 말할 수 없으며
티끌 속의 부처님 세계도 말할 수 없으며
이와 같은 부처님 세계에 모두 나아가
모든 여래를 친견함도 말할 수 없으며

한 실상을 통달함도 말할 수 없으며
부처님 종성에 잘 들어감도 말할 수 없으며
모든 부처님의 국토도 말할 수 없는데
모두 능히 나아가 보리를 이루며

국토중생급제불　　　체성차별불가설
國土衆生及諸佛의　　體性差別不可說이니

여시삼세무유변　　　보살일체개명견
如是三世無有邊을　　菩薩一切皆明見이로다

국토와 중생과 그리고 모든 부처님의
자체 성품이 차별함도 말할 수 없으니
이와 같이 삼세가 가없는데
보살은 일체를 다 분명하게 보도다.

# 대방광불화엄경
## 제45권

## 31. 수량품

# 대방광불화엄경 권제사십오
## 大方廣佛華嚴經 卷第四十五

### 수량품 제삼십일
### 壽量品 第三十一

이시　심왕보살마하살　어중회중　고제보
爾時에 心王菩薩摩訶薩이 於衆會中에 告諸菩

살 언
薩言하시니라

불자　차사바세계석가모니불찰일겁　어
佛子야 此娑婆世界釋迦牟尼佛刹一劫이 於

극락세계아미타불찰　위일일일야
極樂世界阿彌陀佛刹에 爲一日一夜요

# 대방광불화엄경 제45권

## 31. 수량품

그때에 심왕 보살마하살이 대중모임 가운데서 모든 보살들에게 말하였다.

"불자들이여, 이 사바 세계 석가모니 부처님 세계의 한 겁이 극락 세계 아미타 부처님 세계에서는 하루 낮 하루 밤이다.

극락 세계의 한 겁이 가사당 세계 금강견 부

극락세계일겁　어가사당세계금강견불찰
極樂世界一劫이 於袈裟幢世界金剛堅佛刹에

위일일일야　가사당세계일겁　어불퇴전
爲一日一夜요 袈裟幢世界一劫이 於不退轉

음성륜세계선승광명연화개부불찰　위일
音聲輪世界善勝光明蓮華開敷佛刹에 爲一

일일야　불퇴전음성륜세계일겁　어이구
日一夜요 不退轉音聲輪世界一劫이 於離垢

세계법당불찰　위일일일야　이구세계일
世界法幢佛刹에 爲一日一夜요 離垢世界一

겁　어선등세계사자불찰　위일일일야
劫이 於善燈世界師子佛刹에 爲一日一夜요

선등세계일겁　어묘광명세계광명장불찰
善燈世界一劫이 於妙光明世界光明藏佛刹에

위일일일야　묘광명세계일겁　어난초과
爲一日一夜요 妙光明世界一劫이 於難超過

처님 세계에서 하루 낮 하루 밤이고, 가사당 세계의 한 겁이 불퇴전음성륜 세계 선승광명 연화개부 부처님 세계에서 하루 낮 하루 밤이고, 불퇴전음성륜 세계의 한 겁이 이구 세계 법당 부처님 세계에서 하루 낮 하루 밤이고, 이구 세계의 한 겁이 선등 세계 사자 부처님 세계에서 하루 낮 하루 밤이다.

선등 세계의 한 겁이 묘광명 세계 광명장 부처님 세계에서 하루 낮 하루 밤이고, 묘광명 세계의 한 겁이 난초과 세계 법광명연화개부 부처님 세계에서 하루 낮 하루 밤이고, 난초 과 세계의 한 겁이 장엄혜 세계 일체신통광명

세계법광명연화개부불찰　위일일일야
世界法光明蓮華開敷佛刹에　爲一日一夜요

난초과세계일겁　어장엄혜세계일체신통
難超過世界一劫이　於莊嚴慧世界一切神通

광명불찰　위일일일야　장엄혜세계일겁
光明佛刹에　爲一日一夜요　莊嚴慧世界一劫이

어경광명세계월지불찰　위일일일야
於鏡光明世界月智佛刹에　爲一日一夜니라

불자　여시차제　내지과백만아승지세계
佛子야　如是次第로　乃至過百萬阿僧祇世界하야

최후세계일겁　어승연화세계현승불찰
最後世界一劫이　於勝蓮華世界賢勝佛刹에

위일일일야　보현보살　급제동행대보살
爲一日一夜니　普賢菩薩과　及諸同行大菩薩

등　충만기중
等이　充滿其中하니라

부처님 세계에서 하루 낮 하루 밤이고, 장엄혜 세계의 한 겁이 경광명 세계 월지 부처님 세계에서 하루 낮 하루 밤이다.

불자들이여, 이와 같이 차례로 내지 백만 아승지 세계를 지나서 최후 세계의 한 겁은 승련화 세계 현승 부처님 세계의 하루 낮 하루 밤이니, 보현 보살과 모든 함께 수행하는 큰 보살들이 그 가운데 가득하다."

# 대방광불화엄경
## 제45권

# 32. 제보살주처품

明於光輝照 $\quad$ 其果含輝發焰 $\quad$ 莖如雲寶實華雜 $\quad$ 瑠璃爲幹衆 $\quad$ 嚴飾於中影現其 $\quad$ 行列枝葉光茂 $\quad$ 現自在雨無盡 $\quad$ 衆寶羅網妙香 $\quad$ 海無邊顯現摩 $\quad$ 寶輪及衆寶華 $\quad$ 提場中始成正 $\quad$ 如是我聞一時

# 대방광불화엄경 권제사십오
## 大方廣佛華嚴經 卷第四十五

### 제보살주처품 제삼십이
### 諸菩薩住處品 第三十二

이시　심왕보살마하살　어중회중　고제보
爾時에 心王菩薩摩訶薩이 於衆會中에 告諸菩

살 언
薩言하시니라

불자　동방　유처　명선인산　종석이
佛子야 東方에 有處하니 名仙人山이라 從昔已

래　제보살중　어중지주　현유보살
來로 諸菩薩衆이 於中止住어니와 現有菩薩하니

# 대방광불화엄경 제45권

## 32. 제보살주처품

그때에 심왕 보살마하살이 대중모임 가운데
서 모든 보살들에게 말하였다.

"불자들이여, 동방에 처소가 있으니 이름이
선인산이다. 옛적부터 모든 보살 대중들이 그
가운데 머물렀으며, 지금 있는 보살은 이름이
금강승이다. 그 권속 모든 보살 대중 삼백 인

명금강승　　여기권속제보살중삼백인구
名金剛勝이라 與其眷屬諸菩薩衆三百人俱하야

상재기중　　이연설법
常在其中하야 而演說法이니라

남방　　유처　　명승봉산　　종석이래　　제보
南方에 有處하니 名勝峯山이라 從昔已來로 諸菩

살중　　어중지주　　현유보살　　명왈법
薩衆이 於中止住어니와 現有菩薩하니 名曰法

혜　　여기권속제보살중오백인구　　상재기
慧라 與其眷屬諸菩薩衆五百人俱하야 常在其

중　　이연설법
中하야 而演說法이니라

서방　　유처　　명금강염산　　종석이래　　제
西方에 有處하니 名金剛燄山이라 從昔已來로 諸

보살중　　어중지주　　현유보살　　명정진
菩薩衆이 於中止住어니와 現有菩薩하니 名精進

과 더불어 함께 항상 그 가운데 있으면서 법을 연설한다.

남방에 처소가 있으니 이름이 승봉산이다. 옛적부터 모든 보살 대중들이 그 가운데 머물렀으며, 지금 있는 보살은 이름이 법혜이다. 그 권속 모든 보살 대중 오백 인과 더불어 함께 항상 그 가운데 있으면서 법을 연설한다.

서방에 처소가 있으니 이름이 금강염산이다. 옛적부터 모든 보살 대중들이 그 가운데 머물렀으며, 지금 있는 보살은 이름이 정진무외행이다. 그 권속 모든 보살 대중 삼백 인과 더불

무외행     여기권속제보살중삼백인구
無畏行이라 與其眷屬諸菩薩衆三百人俱하야

상재기중     이연설법
常在其中하야 而演說法이니라

북방   유처     명향적산     종석이래   제보
北方에 有處하니 名香積山이라 從昔已來로 諸菩

살중   어중지주     현유보살     명왈향
薩衆이 於中止住어니와 現有菩薩하니 名曰香

상     여기권속제보살중삼천인구     상재
象이라 與其眷屬諸菩薩衆三千人俱하야 常在

기중     이연설법
其中하야 而演說法이니라

동북방   유처     명청량산     종석이래   제
東北方에 有處하니 名清涼山이라 從昔已來로 諸

보살중   어중지주     현유보살     명문수
菩薩衆이 於中止住어니와 現有菩薩하니 名文殊

어 함께 항상 그 가운데 있으면서 법을 연설
한다.

북방에 처소가 있으니 이름이 향적산이다.
옛적부터 모든 보살 대중들이 그 가운데 머
물렀으며, 지금 있는 보살은 이름이 향상이
다. 그 권속 모든 보살 대중 삼천 인과 더불
어 함께 항상 그 가운데 있으면서 법을 연설
한다.

동북방에 처소가 있으니 이름이 청량산이
다. 옛적부터 모든 보살 대중들이 그 가운데
머물렀으며, 지금 있는 보살은 이름이 문수사
리이다. 그 권속 모든 보살 대중 일만 인과 더

사리　　여기권속제보살중일만인구　　상재
師利라 與其眷屬諸菩薩衆一萬人俱하야 常在

기중　　이연설법
其中하야 而演說法이니라

해중　유처　　명금강산　　종석이래　제보
海中에 有處하니 名金剛山이라 從昔已來로 諸菩

살중　어중지주　　　현유보살　　명왈법
薩衆이 於中止住어니와 現有菩薩하니 名曰法

기　여기권속제보살중천이백인구　　상재
起라 與其眷屬諸菩薩衆千二百人俱하야 常在

기중　　이연설법
其中하야 而演說法이니라

동남방　유처　　명지제산　　종석이래　제
東南方에 有處하니 名支提山이라 從昔已來로 諸

보살중　어중지주　　　현유보살　　명왈천
菩薩衆이 於中止住어니와 現有菩薩하니 名曰天

불어 함께 항상 그 가운데 있으면서 법을 연설한다.

바다 가운데 처소가 있으니 이름이 금강산이다. 옛적부터 모든 보살 대중들이 그 가운데 머물렀으며, 지금 있는 보살은 이름이 법기이다. 그 권속 모든 보살 대중 천 이백 인과 더불어 함께 항상 그 가운데 있으면서 법을 연설한다.

동남방에 처소가 있으니 이름이 지제산이다. 옛적부터 모든 보살 대중들이 그 가운데 머물렀으며, 지금 있는 보살은 이름이 천관이다. 그 권속 모든 보살 대중 일천 인과 더불

관
冠이라 與其眷屬諸菩薩衆一千人俱하야 常在

기중       이연설법
其中하야 而演說法이니라

서남방    유처     명광명산      종석이래    제
西南方에 有處하니 名光明山이라 從昔已來로 諸

보살중    어중지주        현유보살      명왈현
菩薩衆이 於中止住어니와 現有菩薩하니 名曰賢

승       여기권속제보살중삼천인구      상재
勝이라 與其眷屬諸菩薩衆三千人俱하야 常在

기중       이연설법
其中하야 而演說法이니라

서북방    유처     명향풍산      종석이래    제
西北方에 有處하니 名香風山이라 從昔已來로 諸

보살중    어중지주        현유보살      명왈향
菩薩衆이 於中止住어니와 現有菩薩하니 名曰香

어 함께 항상 그 가운데 있으면서 법을 연설
한다.

서남방에 처소가 있으니 이름이 광명산이
다. 옛적부터 모든 보살 대중들이 그 가운데
머물렀으며, 지금 있는 보살은 이름이 현승이
다. 그 권속 모든 보살 대중 삼천 인과 더불
어 함께 항상 그 가운데 있으면서 법을 연설
한다.

서북방에 처소가 있으니 이름이 향풍산이
다. 옛적부터 모든 보살 대중들이 그 가운데
머물렀으며, 지금 있는 보살은 이름이 향광이
다. 그 권속 모든 보살 대중 오천 인과 더불어

광 여기권속제보살중오천인구 상재
光이라 與其眷屬諸菩薩衆五千人俱하야 常在

기중 이연설법
其中하야 而演說法이니라

대해지중 부유주처 명장엄굴 종석
大海之中에 復有住處하니 名莊嚴窟이라 從昔

이래 제보살중 어중지주
已來로 諸菩薩衆이 於中止住하니라

비사리남 유일주처 명선주근 종석
毗舍離南에 有一住處하니 名善住根이라 從昔

이래 제보살중 어중지주
已來로 諸菩薩衆이 於中止住하니라

마도라성 유일주처 명만족굴 종석
摩度羅城에 有一住處하니 名滿足窟이라 從昔

함께 항상 그 가운데 있으면서 법을 연설한
다.

큰 바다 가운데 다시 주처가 있으니 이름이
장엄굴이다. 옛적부터 모든 보살 대중들이 그
가운데 머물렀다.


비사리 남쪽에 한 주처가 있으니 이름이 선
주근이다. 옛적부터 모든 보살 대중들이 그
가운데 머물렀다.

마도라성에 한 주처가 있으니 이름이 만족굴
이다. 옛적부터 모든 보살 대중들이 그 가운
데 머물렀다.

이래 제보살중 어중지주
已來로 諸菩薩衆이 於中止住하니라

구진나성 유일주처 명왈법좌 종석이
俱珍那城에 有一住處하니 名曰法座라 從昔已

래 제보살중 어중지주
來로 諸菩薩衆이 於中止住하니라

청정피안성 유일주처 명목진린타굴
清淨彼岸城에 有一住處하니 名目眞隣陀窟이라

종석이래 제보살중 어중지주
從昔已來로 諸菩薩衆이 於中止住하니라

마란다국 유일주처 명무애용왕건립
摩蘭陀國에 有一住處하니 名無礙龍王建立이라

종석이래 제보살중 어중지주
從昔已來로 諸菩薩衆이 於中止住하니라

감보차국 유일주처 명출생자 종석이
甘菩遮國에 有一住處하니 名出生慈라 從昔已

구진나성에 한 주처가 있으니 이름이 법좌이
다. 옛적부터 모든 보살 대중들이 그 가운데
머물렀다.

청정피안성에 한 주처가 있으니 이름이 목진
린타굴이다. 옛적부터 모든 보살 대중들이 그
가운데 머물렀다.

마란다국에 한 주처가 있으니 이름이 무애
용왕건립이다. 옛적부터 모든 보살 대중들이
그 가운데 머물렀다.

감보차국에 한 주처가 있으니 이름이 출생자
이다. 옛적부터 모든 보살 대중들이 그 가운
데 머물렀다.

래　　제보살중　　어중지주
來로 諸菩薩衆이 於中止住하니라

진단국　　유일주처　　　명나라연굴　　　종석
震旦國에 有一住處하니 名那羅延窟이라 從昔

이래　　제보살중　　어중지주
已來로 諸菩薩衆이 於中止住하니라

소륵국　　유일주처　　　명우두산　　　종석이
疏勒國에 有一住處하니 名牛頭山이라 從昔已

래　　제보살중　　어중지주
來로 諸菩薩衆이 於中止住하니라

가섭미라국　　유일주처　　　명왈차제　　　종석
迦葉彌羅國에 有一住處하니 名曰次第라 從昔

이래　　제보살중　　어중지주
已來로 諸菩薩衆이 於中止住하니라

증장환희성　　유일주처　　　명존자굴　　　종
增長歡喜城에 有一住處하니 名尊者窟이라 從

진단국에 한 주처가 있으니 이름이 나라연굴이다. 옛적부터 모든 보살 대중들이 그 가운데 머물렀다.

소륵국에 한 주처가 있으니 이름이 우두산이다. 옛적부터 모든 보살 대중들이 그 가운데 머물렀다.

가섭미라국에 한 주처가 있으니 이름이 차제이다. 옛적부터 모든 보살 대중들이 그 가운데 머물렀다.

증장환희성에 한 주처가 있으니 이름이 존자굴이다. 옛적부터 모든 보살 대중들이 그 가운데 머물렀다.

석이래　　제보살중　　어중지주
昔已來로 諸菩薩衆이 於中止住하니라

암부리마국　　유일주처　　　명견억장광명
菴浮梨摩國에 有一住處하니 名見億藏光明이라

종석이래　　제보살중　　어중지주
從昔已來로 諸菩薩衆이 於中止住하니라

건다라국　　유일주처　　　명점바라굴　　　종
乾陀羅國에 有一住處하니 名苫婆羅窟이라 從

석이래　　제보살중　　어중지주
昔已來로 諸菩薩衆이 於中止住하니라

〈大方廣佛華嚴經 卷第四十五〉

암부리마국에 한 주처가 있으니 이름이 견억장광명이다. 옛적부터 모든 보살 대중들이 그 가운데 머물렀다.

건다라국에 한 주처가 있으니 이름이 점바라굴이다. 옛적부터 모든 보살 대중들이 그 가운데 머물렀다."

〈대방광불화엄경 제45권〉

# 大方廣佛華嚴經

## 부록

●

대방광불화엄경 목차

●

간행사

# 대방광불화엄경
## 목차

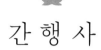

# 간 행 사

　귀의삼보 하옵고,

　『대방광불화엄경』의 수지 독송과 유통을 발원하면서 수미정사 불전연구원에서 『독송본 한문·한글역 대방광불화엄경』과 『사경본 한글역 대방광불화엄경』을 편찬하여 간행하게 되었습니다.

　『화엄경』은 우리나라에 전래된 이래 일찍부터 사경되고 주석·강설되어 왔으며 근현대에 이르러서는 『화엄경』의 한글 번역과 연구도 부쩍 많이 이루어졌습니다. 그만큼 『화엄경』이 우리 불자님들의 신행과 해탈에 큰 의지처가 되었던 것임을 알 수 있습니다.

　『화엄경』을 독송하고 사경하는 공덕은 설법 공덕과 함께 크게 강조되어 왔습니다. 그리하여 수미정사 불전연구원에서도 『화엄경』(80권)을 독송하고 사경하는 데 도움이 되도록 한문 원문과 한글역을 함께 수록한 독송본과 한글역의 사경본 『화엄경』 간행불사를 발원하였습니다. 이 『화엄경』 간행불사에 뜻을 같이하여 적극 후원해주신 스님들과 재가 불자님들께 깊이 감사드립니다. 또한 『화엄경』을 수지 독송할 수 있도록 경책의 모습으로 장엄해 주신 편집위원들과 담앤북스 출판사 관계자들께도 고마움을 표합니다.

　끝으로 이 불사의 원만 회향으로 『화엄경』이 널리 유통되고, 온 법계에 부처님의 가피가 충만하시길 기원드립니다.

　나무 대방광불화엄경

불기 2564년 '부처님오신날'을 봉축하며
수미해주 합장

위태천신(동진보살)

**수미해주** 須彌海住

호거산 운문사에서 성관 스님을 은사로 출가, 석암 대화상을 계사로 사미니계 수계, 월하 전계사를 계사로 비구니계 수계, 계룡산 동학사 전문강원 졸업, 동국대학교 불교대학 및 동 대학원 졸업, 철학박사, 가산지관 대종사에게서 전강, 동국대학교 불교대학 교수, 동학승가대학 학장 및 화엄학림 학림장, 중앙승가대학교 법인이사 역임.
(현) 수미정사 주지, 동국대학교 명예교수.
저·역서로 『의상화엄사상사연구』, 『화엄의 세계』, 『정선 원효』, 『정선 화엄 1』, 『정선 지눌』, 『법계도기 총수록』, 『해주스님의 법성게 강설』 등 다수.

독송본 한문·한글역
# 대방광불화엄경 제45권

| **초판 1쇄 발행_** 2024년 6월 24일

| **엮은이_** 수미해주
| **엮은곳_** 수미정사 불전연구원
| **편집위원_** 해주 수정 경진 선초 정천 석도 박보람 최원섭
| **편집보_** 무이 무진 지욱 혜명

| **펴낸이_** 오세룡
| **펴낸곳_** 담앤북스
　　　　　서울특별시 종로구 새문안로3길 23 경희궁의 아침 4단지 805호
　　　　　대표전화 02)765-1251  전자우편 dhamenbooks@naver.com
　　　　　출판등록 제300-2011-115호
| **ISBN_** 979-11-6201-829-3  04220